Lb 2056.

RÉFLEXIONS.

RÉFLEXIONS

SUR

L'ÉTAT POLITIQUE ET MORAL EN FRANCE,

AU DIX-NEUVIÈME SIÈCLE,

PAR

A. J. Austaut.

Strasbourg,

chez FÉVRIER, libraire, rue des Hallebardes N.° 23.

1835.

Strasbourg, de l'imprimerie de Ph.-H. DANNBACH.

PROLOGUE.

L'état de la France se présente à notre pensée sous un point de vue vraiment capable d'inquiéter un esprit méditatif sur les progrès de ses maux. Nos anciens malheurs, notre longue expérience en politique, ne nous ont rendus ni plus sages ni plus circonspects.

Il est réellement étrange qu'au milieu des succès marquans que l'esprit du siècle a produits en France, dans les sciences et dans les arts, nous ayons à déplorer la décadence des mœurs reléguées sous le pouvoir des doctrines humaines, et tombées dans un oubli complet où elles achèvent de courir plus promptement vers leur ruine.

D'où vient que sous l'influence d'un siècle essentiellement tolérant, les opinions sont devenues plus exclusives, les esprits moins tolérans, le patriotisme moins éclairé sur les besoins de la société, et qu'il nous reste à travailler si laborieusement à la recherche du bonheur qui doit toujours accompagner le développement des lumières?

Voilà des questions de la plus grave importance que nous tenterons d'examiner.

La conscience sans reproche, et dégagé de toute prévention, nous n'avons d'autre intérêt que l'amour du bien, d'autre but que d'affaiblir la force de l'égarement. Nous pensons que le plus beau dévouement est de consacrer ses pensées comme ses actions à l'intérêt général.

Nous savons que nous avons contre nous la force des systêmes, les opinions du jour, l'esprit du siècle pour critiques et pour juges; mais peu nous importent ces censeurs sévères : nous cherchons moins à plaire aux esprits qu'à ramener les volontés, qu'à faire impression sur les cœurs qui, sans doute, nous approuveront en silence.

Depuis plus d'un demi-siècle, la France n'offre plus que le spectacle hideux des révolutions et des calamités humaines. Sa destinée, dirait-on, doit l'instruire de ses longs malheurs et l'asséoir un jour sur ses propres ruines. Chaque pas qu'elle fait vers la civilisation est marqué par une crise affreuse dans l'ordre de la société; chaque pierre qui sert de fondement à son bien-être, s'écroule aussitôt qu'elle a été posée. La France, en un mot, semble être le champ de la dissention et des guerres civiles, le théâtre où se développe le long drame du désordre et du malheur.

Paris, cette capitale du monde, a donné naguère le signal d'une seconde révolution. Cette crise justifie assez des progrès de l'esprit de la nation française et de son horreur pour toute action despotique. Elle a démontré énergiquement en 1830 que le peuple, brisant les fers dont on voulait le charger, refusa hautement de retourner vers les siècles de ténèbres.

Elle est en même tems un exemple frappant du sort des méchans et des ambitieux.

La province a compris ce signal; elle s'est rangée sous la même bannière, l'étendart de la liberté, comme la métropole elle a su triompher du pouvoir despotique. Jamais la nation française n'a déployé ni plus d'amour ni plus de valeur. Jamais peuple n'a su mieux reconquérir ses droits. Il semble qu'il n'avait plus rien à ajouter à sa gloire, et qu'avec l'oubli de son ancienne servitude, il ne lui restait plus qu'à jouir des prémices de ses travaux, et à s'enivrer du bonheur qu'il puisait dans le calice de la liberté!

Hélas ! qu'il a bientôt mal compris son bien-être : en vérité il cherchait le bonheur où le bonheur n'est pas ; il a placé toute son ambition dans le triomphe de la licence, et son repos dans le frêle esquif qui vogue au gré des flots d'une mer en courroux. Il a oublié sans doute que le véritable bien-être d'une nation consiste dans l'ordre et le maintien de la société, comme celui de l'individu dans le calme de sa conscience, et que la plus belle gloire résulte moins du combat qu'on livre au dehors, que du triomphe sur ses propres passions qui sont les ennemis du repos.

Nous sommes sans contredit le peuple le plus jaloux de la liberté ; mais nous sommes peut-être le moins capable d'en jouir. La liberté ne peut se concilier qu'avec des principes d'ordre ; elle n'a de réalité qu'autant qu'elle garantit le bien-être général. Il nous semble qu'elle ne peut s'expliquer autrement que par ces mots : ordre public, respect aux lois.

La nation la plus libre est donc nécessairement celle qui possède des lois intègres qui s'étendent sur tous les individus, fesant justice à tous. Ces lois ont été faites ; elles nous sont données ; mais il faudrait en France un esprit analogue, un caractère soumis pour les réaliser. Au contraire, il semble que nous ne courions vers le fantôme de la liberté que pour l'asséoir sur les élémens du désordre, c'est-à-dire de la licence qui est devenue la règle de notre conduite.

Depuis que le pouvoir est tombé entre les mains du peuple, le peuple ne reconnaît que sa volonté. A lui le droit, dit-il, de former les lois et de rejeter toute autorité qui ne sanctionne point ses passions. Son autorité est telle, qu'au lieu de la liberté et de la tolérance que nous semblions retrouver, on ne reconnaît aujourd'hui que l'existence du despotisme. Bien plus, au lieu d'un seul pouvoir conféré entre les mains d'un monarque, la France est mue par autant de volontés qu'il y a d'individus, et ce qu'il y a d'étrange, c'est que nous nous proposons pour modèles en législation, à nos voisins dont nous aurions besoin de leçons à plusieurs égards.

Lorsque le but de notre ambition n'est point atteint, nous adressons des invectives au gouvernement qui ne fait rien, disons-nous, dans l'intérêt du peuple, parce qu'en effet il se refuse à travailler pour les passions. Nous le traînons dans la boue parce qu'il ne veut pas entrer dans nos vues. Puis l'on déclame contre ses actes, on dit qu'il tergiverse, qu'il va mal, etc. Eh! s'il va mal, à qui la faute? Le gouvernement émettrait-il des lois divines, qu'il n'irait pas mieux si nous persistons dans l'esprit de contradiction et de désobéissance. Il n'ira jamais si nous ne voulons aller avec lui. Il n'ira pas surtout s'il doit obéir à nos principes de dissolution, et tant que le peuple se déclarera législateur. Où trouverons nous des gouvernans si personne ne veut obéir? Il n'y a de gouvernement possible qu'autant qu'il y a des citoyens soumis, des hommes qui sentent le besoin d'être gouvernés.

Aujourd'hui l'autorité n'a plus de siège ni d'aplomb, aussi la France n'a-t-elle plus d'équilibre; elle vacille depuis que le pouvoir a été disséminé entre tous les individus; depuis que ce mobile a été déplacé du trône entre les mains du peuple.

Nous sommes loin de déprécier les droits du peuple; nous savons que le pouvoir c'est la nation, nous reconnaissons que le gouvernement est son domaine, sa propriété, dont le droit du citoyen est une partie intégrante; mais puisque la nation nomme, vote, élit; qu'elle respecte de bonne foi ses institutions, qu'elle ait égard au gouvernement dont elle fait choix, et cela fait, occupons nous de nos affaires particulières, les choses n'en iront que mieux sans doute.

Mais si le peuple a des droits, il n'est pas sans devoirs; et les devoirs les plus puissans du citoyen, consistent dans le respect, l'obéissance aux lois.

C'est à la société qui protège l'innocence, garantit la sûreté des propriétés, affranchit la liberté publique des attentats à sa sécurité, que nous devons conférer le pouvoir, que nous devons l'appui, la protection, l'obéissance de citoyens. Cette sollicitude, cette obéissance aux lois sociales, au pouvoir législatif, ne compromettent ni notre liberté ni notre dignité, s'il est vrai que les lois n'ont point une autorité arbitraire et qu'elles résultent du consentement unanime des citoyens; s'il est vrai qu'elles sont ce *critérium* infaillible de justice, puisé à la source du sentiment et de l'universalité des consciences, et fondé sur la nature même de l'homme. Dès-lors l'obéissance se dégageant des formes odieuses de l'esclavage, n'exprime que notre amour de l'ordre public, qui est l'unique source de tout véritable patriotisme, la condition *sine quâ non* de toute justice.

Ces principes bien conçus et réalisés, ne tarderaient pas à rétablir l'ordre en France. Nous n'avons jamais eu tant besoin d'unité qu'aujourd'hui, et nous pouvons assurer que la France ne fut jamais plus divisée; cependant le patriotisme ne semble pas entièrement éteint parmi nos concitoyens; c'est peut-être faute d'être mal dirigé qu'il ne produit aucun résultat satisfaisant.

Il y a dans chaque état une chose bien essentielle à remarquer : c'est l'unité de l'esprit national qui en fait la force morale ou la base, et vers laquelle doivent tendre tous les membres de la société comme autant de molécules d'une même sphère, qui s'attirent réciproquement vers un même point, le centre de gravité qui n'a plus de force aussitôt que les molécules cessent d'agir.

Le véritable patriotisme doit tendre vers ce point central, à ses formes unitaires et ne considérer que les intérêts généraux. Ce point est-il détruit, il ne reste plus d'objet d'amour aux citoyens ; notre patrie se réduit à notre bien-être, notre dévouement c'est l'égoïsme personnifié. Le fleuve des passions brise tous les rapports de la société. Le peuple bientôt s'agite, raisonne, murmure, comme un essaim d'abeilles sans roi ; il s'empare des rênes de la société pour la reconstruire sur le terrain de l'égoïsme avec les matériaux de l'imagination exaltée ; il s'égare de plus en plus dans la voie du désordre, et l'anarchie seule surgit de l'abyme.

Cet état de choses, ce nous semble, nous paraît parfaitement conforme au caractère moral en France, à notre époque ; caractère qui peut être considéré comme la source de nos longues entraves.

Le point vers lequel nous devrions porter nos regards et notre volonté, est le maintien des lois qu'il faudrait chercher à consolider. Les institutions sociales font ce point central dont nous venons de parler, et que nous sapons de toutes nos forces pour poser à la place du pouvoir l'aveuglement qui nous égare, pour lui substituer notre volonté et nos passions.

Nous ne craindrons donc pas d'affirmer que le manque de cette unité de vues, et l'affaiblissement du patriotisme, sont des causes réelles de nos maux présens.

Oppressée sous le poids qui l'accable, la France gémit de ses vains efforts ; elle sent la maladie circuler dans ses membres, sans savoir la poursuivre, sans savoir la combattre, sans oser y porter ses regards.

Cependant, atteinte dans son sein, elle éprouve un mal-aise confus et inexplicable, un état de torpeur qui couve les plus grands désastres. Il semble qu'elle ait commis un adultère et avorté d'une race nouvelle qui lui déchire les entrailles ; on dirait qu'elle n'est plus cette France débonnaire, ce sol heureux, cette patrie généreuse qui s'est tant illustrée par le caractère énergique et par les mœurs jadis si pures de la nation.

La confiance publique qui maintient les rapports de la société, s'est évanouie comme une vapeur mêlée aux brouillards de la nuit ; le désintéressement qui fait la force de l'état, n'est plus qu'un vain mot enveloppé dans l'ivresse des assemblées populaires ou raisonnant dans les écrits de quelques spéculateurs habiles. Les hommes ne s'abordent qu'avec le regard de la défiance, ils ne se recherchent que pour trouver des victimes à dévorer ; ils se fuient autant que les opinions et les intérêts se divisent. Les mœurs en général n'offrent plus que l'aspect dégoûtant de nos passions façonnées dans le grand chantier de l'amour de soi.

Un seul point, il faut le dire, rallie encore les hommes pour mieux les diviser ; c'est l'idole de la liberté, qui a été élevée jusqu'aux cieux en même tems que l'étendart de la foi chrétienne est descendue dans la tombe !

C'est ici que nous retrouverons la source des erreurs et des maux dont la France est surchargée.

Persuadé que le bonheur d'une nation consiste d'abord dans la pureté de son esprit et de son caractère ; dans un moral corrompu nous trouverons pareillement l'origine de ses calamités. C'est en effet à l'égarement de l'esprit et à la corruption des mœurs qu'il faut attribuer la léthargie sociale, le mal-aise de la France, qui ne s'est réellement fait sentir qu'au moment où nous avons prononcé l'abandon de nos devoirs les plus sacrés. Le mépris formel de tout ce qui peut développer dans l'homme, les facultés morales et religieuses, a toujours soulevé l'anarchie dans le sein des états. Il a toujours été le premier moteur de la dissolution des sociétés.

En vain dirions nous que le bonheur ou le mal-être d'une nation, est dépendant de la forme de son gouvernement, ce serait un préjugé qui ne pourrait se soutenir que par de très-graves erreurs. L'état d'un gouvernement, nous l'avons déjà dit, est subordonné au caractère moral de la nation, sa forme est l'expression des vœux des citoyens; car encore une fois, gouvernement, nation ou société ne sont qu'une seule chose ; et les meilleurs lois du monde en face d'un caractère gâté, demeurent presque sans autorité.

D'ailleurs quel mode de gouvernement serait plus propice en France que le nôtre : on abhorre la monarchie absolue; la république est une chimère; avouons donc que le gouvernement constitutionnel repond à tous les besoins, à toutes les exigences de notre époque.

La source du mal-être en France, a donc pris naissance à l'époque où les mœurs ont commencé à se dégrader, où la foi religieuse a cessé de réchauffer les cœurs; à cette époque où le peuple soit-disant barbare, avait besoin, dit-on, de se spiritualiser. Comme s'il eut jamais existé une lumière plus convenable à l'homme que la morale chrétienne qui parle au cœur en même tems qu'à l'esprit; comme si un peuple religieux pouvait être barbare, sentant plutôt le besoin d'exercer de vains droits, que de jouir de sa sécurité et de son bien-être.

Ce développement rationnel semble avoir pris racine dans le sanctuaire des siècles qui nous ont précédés. C'est surtout dans le 17me siècle que naquirent les fausses doctrines morales et philosophiques, qui, au lieu de doter la France, comme on l'a cru, des plus riches productions humaines, ont enterré l'esprit du siècle sous le gouffre de l'erreur.

Ce n'est pas assez que l'école philosophique travaillât de toutes ses forces au renversement du trône de France si laborieusement médité, en flattant les passions populaires ; mais encore concourait-elle à fausser l'esprit, à corrompre les mœurs de l'homme dans son état privé, le déclarant l'égal de la brute ; le dépouillant de toute sensibilité, de tous sentimens, de toute affection divine, pour l'unir étroitement à la matière. Elle ne voyait pas malheureusement qu'au lieu de priver et d'édifier l'homme, elle en formait un animal sauvage, en le débarrassant d'ailleurs du frein de ses passions, que les sentimens religieux lui avaient imposé, et en le libérant du joug social qu'il commençait à avoir en horreur, tant sa liberté avait été prônée. Aussi la France a-t-elle payé bien cher cet égarement de l'esprit humain ! C'est à la source de ces doctrines philosophiques que vint s'abreuver le peuple de 93, qui trouva au milieu de tant d'erreurs, un précieux aliment pour ses passions. Bientôt la terreur se répandit d'un bout à l'autre de la France avec la rapidité de l'éclair à l'approche d'une tempête. L'orage ne tarda pas à fondre comme un torrent : le bruit du canon, les cris du carnage, la guerre civile éclata, et la France offrit l'aspect déplorable d'une mer de sang et de malheurs.

Ainsi l'arbre de la corruption a été implanté sur le sol de l'esprit humain ; ses racines se sont enfouies profondément et jusques dans les dernières classes de la société, ses rameaux se sont étendus au loin dans l'espace comme pour présenter un abri au pélerin silencieux et lui offrir ses fruits venimeux, mais revêtus des couleurs et des formes les plus voluptueuses. Aussi la religion et cette paix de l'âme qui accompagne toujours la foi, n'ont elles pu croître sous son ombre : retirées dans d'étroites limites, le bonheur n'a pas cessé de régner avec elles, tandis que la discorde a répandu au dehors les effets malins de sa rage.

Il nous reste à déplorer qu'on ait apporté si peu d'empressement à guérir les maladies dont nous sommes encore affectés. Un remède cependant peut nous en garantir. C'est d'instruire les hommes de leurs devoirs, selon le rang et la position qu'ils occupent dans la société ; c'est surtout de leur inspirer ce sentiment religieux qui ennoblit l'âme et ramène l'homme à ses devoirs mieux que toute contrainte qu'il est rarement convenable ou juste d'exercer.

Non, l'homme ne doit pas être contraint, serait-il dans l'erreur la plus complète à l'égard de ses opinions et de ses sentimens religieux. C'est ce qui fait la véritable grandeur de l'homme, et nous donne l'idée pure de sa liberté ; mais faut-il, parce qu'il est libre, le laisser dans l'abandon, en face de son ignorance, et maître de ses penchans désordonnés avec ses principes de désorganisation sociale ? Faut-il méconnaître la voie sûre, capable de le ramener sans contrainte de l'égarement ? Aussi la religion qui connaît l'homme mieux que toute philosophie, se garde-t-elle bien de faire violence à la volonté ; c'est au sentiment, c'est au cœur qu'elle parle, c'est l'âme qu'elle touche, et quand le cœur et l'âme sont remplis du bien et de la vérité, la volonté en vain résiste à la puissance qui la domine, à cette puissance qui porte l'homme en triomphe au milieu des combats et des périls du champ de bataille, comme à travers la route épineuse de la charité et de la vertu.

Le sentiment religieux a toujours porté l'homme aux plus brillantes actions. Les siècles romantiques et essentiellement religieux ont donné naissance à ces poètes, ces orateurs fameux de l'antiquité, qui illustrèrent la Grèce sous l'inspiration des dieux et des demi-dieux qui présidaient aux destinées des humains du haut de l'Olympe, qui descendaient quelquefois du sommet de l'Hélicon jusqu'aux rives du Permesse pour rendre leurs oracles à la nation. En effet ce qui a fait long-tems la grandeur des peuples de la Grèce, c'est plutôt la vénération que les Grecs avaient pour les idoles de la fable, que l'amour d'un bien éphémère qu'ils regardaient comme diffamatoire. Elevés à des actions nobles dès l'enfance, instruits des devoirs sacrés, ils furent des modèles de dévouement pour leur patrie, des martyrs opiniâtres pour les dieux. Couverts du casque et de l'égide, dans les combats, ils imploraient de Mars la valeur d'Achille et d'Hector ; leurs combats étaient opiniâtres tant l'intérêt de la patrie et le saint zèle les animaient. Dans leurs fêtes, les dieux n'étaient pas moins révérés, la solemnité pas moins somptueuse. Tour-à-tour c'est Cérès, la déesse des champs ; c'est Flore qui embellit la nature, ou Pomone qui embaume les vergers de fruits délicieux, ou Bacchus qui distille les vins blancs de Thase et de Maréotide, de Rhétie et d'Argos, qui est porté en triomphe sur les places publiques d'Athènes ; ou Pan, le dieu des bergers, assis sur le mont Lycée ou le riant Ménale et présidant au milieu des troupeaux qu'il anime de sa flûte champêtre ; où Pallas qui a su tirer l'homme des forêts d'Yeuses où il était réduit à l'état sauvage, pour le conduire à la culture des champs et des arts. Tantôt en faveur de la gloire de Jupiter ou pour apaiser le courroux de Neptune à l'approche des orages, le peuple se rend en foule au temple précédé d'un bouc ou d'une génisse qu'il va immoler. Les portiques, les voûtes sacrées retentissent des hymnes divines ; le sacrificateur s'approche d'un air grave et mystérieux vers l'autel orné de fleurs où repose la victime. Le sang déjà s'échappe de ses flancs et bondit comme un torrent en même tems que l'encens brûlant dans une urne d'or, s'élève jusqu'aux cieux. Tous les regards se portent vers le lieu du sacrifice ; tous les visages expriment la crainte et la terreur. La foule éprouve la même inquiétude qu'un criminel qui attend son jugement. Un morne silence succède aux accords de l'allégresse, aux sons mélodieux de la harpe et de la lyre. Ce silence n'est interrompu que lorsque l'aruspice, qui vient de consulter les entrailles fumantes, se tournant vers le peuple, lui fait connaître les destins, et lui apprend si le sacrifice a été favorable aux dieux.

Nous n'en dirons pas davantage des peuples de la Grèce; tout payens qu'ils étaient, les lettres, les sciences et les arts florissaient sous l'inspiration divine, et la rendaient si célèbre tant par la valeur militaire que par l'éloquence. Il ne lui manquait que la lumière du Christianisme qui fut donnée plus tard aux hommes.

Nous pourrions en dire autant à l'égard des Romains : ils se montrèrent valeureux tant qu'ils conservèrent le respect et l'amour des dieux ; ils devinrent lâches, esclaves, malheureux, dès que le luxe, les puissantes fortunes, l'amour sensuel corrompirent les mœurs en devenant exclusivement l'objet de leur idolatrie. Aussi Horace disait-il (1) « Je te l'annonce, Romain, tu porteras la peine dûe « aux crimes de tes pères, tant que tu n'auras pas relevé « les temples et les autels des dieux et réparé leurs statués « demi-brûlées..... L'oubli des dieux a attiré à l'Hespérie « désolée la plupart de ses maux. »

Tournons nos regards vers la France, parce qu'elle nous intéresse exclusivement, et voyons si elle ne mérite pas l'apostrophe qu'Horace fit aux Romains.

Attribuons plutôt la cause des maux de notre patrie à la décadence des mœurs et l'oubli de nos devoirs sacrés, qu'aux

---

(1) Ode VI. Liv. 3.

attaques extérieures dont elle a été long-tems l'objet, et qui ne furent que le résultat de l'esprit de rébellion en France.

C'est dans le sein même de l'état que s'allumèrent les torches ardentes des guerres civiles, après que les doctrines philosophiques en eurent commandé le signal, au moment où le peuple commençant à secouer le joug de la foi, se livrait avec fureur à la satisfaction de ses passions, et s'abreuvait à longs traits de la corruption qui lui avait été si fructueusement élaborée.

C'est dans nos murs et dans un siècle éclairé, que l'on se prosterna sans rougir devant une idole du Paganisme que l'impudicité avait élevée sur les autels sacrés, à côté des ornemens majestueux, profanés comme tout ce qui tenait du divin. Cette déesse n'était autre chose que la divinité des philosophes, devenue celle de toute la nation, l'idole de la liberté et de la raison.

Personne ne voulut croire; on ne pût admettre que des choses sensibles, capables de se laisser vérifier ou démentrer par des raisonnemens, ou circonscrire par des définitions. La foi (1), cette vision intuitive, indispensable à toute

---

(1) Ce mot dans son sens général, signifie croyance, acquiescement, certitude morale, etc. Or, l'homme naissant dans l'ignorance absolue, éprouve nécessairement le besoin de croire avant que son jugement soit capable de vérifier l'objet de sa croyance : il est dans l'obligation de recevoir de confiance la parole qui dépose en lui les premiers germes de ses connaissances, la plastique de ses idées ; il la reçoit, y adhère, l'élabore comme une substance homogène à sa nature ; il se l'assimile comme le lait qu'il puise au sein de la mère, avant que le sens du goût soit un véritable vérificateur des alimens. La parole une fois admise, l'enfant devient capable de la concevoir, puis de la vérifier et de juger ; puis d'exprimer son jugement. Pour discerner et pour juger il faut donc posséder le sujet du jugement. Ce sujet doit être admis comme principe, puisque ce n'est que plus tard, et après qu'il a été conçu, qu'il peut être soumis à la pensée. Refuser ces premières données nécessaires à nos connaissances, rejeter l'objet de la science, c'est persister dans

connaissance humaine comme à toute vertu, fut abhorrée et reléguée derrière les remparts inaccessibles de l'incrédulité. Un instant on ne parla plus de religion ; il semble qu'elle

l'ignorance ; les nier lorsque nous ne les concevons pas, c'est exposer une absurdité ; car il est réellement contradictoire d'affirmer la négation de quelque chose ; il est aussi absurde de nier ce que l'on ne conçoit pas, que de ne vouloir croire en ce dont on a conscience. La négation d'ailleurs ne détruit pas la réalité d'un objet, elle n'exprime jamais que notre manière de voir, notre ignorance ou notre mauvaise foi. Ainsi l'ignorant qui nie l'existence de la science ou l'impie qui affirme que Dieu n'est pas, exprime une affirmation absurde. Toute discussion sur un sujet inconnu est donc une vaine utopie ; il faut l'admettre d'abord de confiance pour l'examiner, ou se taire ; il faut voir le côté du vrai avant d'apercevoir celui de l'erreur. L'expérience d'une chose est la meilleure preuve de sa réalité.

Quant à la foi dite religieuse, elle est encore plus nécessaire pour l'éducation morale que la foi en la science l'est pour notre instruction ; car toute science peut être décrite ou démontrée, émise sous la formule de l'enseignement ; elle peut donc être évidente, absolument vraie. Dans l'éducation religieuse au contraire, les dogmes ne sauraient tomber sous la faiblesse des sens ou entrer dans les limites du raisonnement. L'expérience des choses divines n'est constatée que par le sentiment ; les connaissances que nous nous en formons sont purement intérieures. De là le mystère de ces choses qui demandent toujours beaucoup de respect, et qui ont autant de réalité pour l'âme qui sent, la conscience qui approuve, que l'évidence pour la raison qui juge. Mais puisque toute parole divine est réellement mystérieuse pour la raison, il est absurde de différer l'éducation de l'homme jusqu'à ce que cette faculté se soit développée en lui. Au contraire l'enfant doit se soumettre à la volonté de son père ou de son instituteur, croire en sa parole dès qu'il est capable de concevoir, et bien avant qu'il commence à raisonner, comme le disciple a confiance en la doctrine de son maître, autrement il n'est point disciple ou initié ; il ne devient sage, vertueux, qu'autant qu'il obéit au commandement, à la loi qui lui est prescrite et non à sa manière de voir, à ses plaisirs ; car le propre de la vertu, c'est de combattre l'amour-propre et de se soumettre à une règle qui commande.

La foi est donc la condition *sine quâ non* de toute connaissance et de toute vertu ; fille du ciel, elle guide l'homme sur cette terre, au milieu des tourbillons d'erreur qui l'environnent de toutes parts ; elle le munit d'armes qui ne s'émoussent pas contre le rocher du mal, bien plus fortes pour le combattre que tout l'échafaudage du syllogisme.

avait disparu de ce sol ingrat où elle n'était plus une véritable substance, comme pour faire place aux morales humaines. Les philosophes entreprirent en effet de régler les mœurs ; ils les formèrent si bien qu'on ne trouvait plus aucune trace de vertu au milieu de l'abjection et des passions désordonnées qui bouleversaient la France qu'on voulait asséoir sur un nouveau terrain.

Les fondations d'un nouvel édifice social furent en effet jetées par les apôtres de la raison, sur le terrain du raisonnement devenu, on le conçoit, une propriété individuelle : dès-lors l'édifice s'écroula par lui-même ; il s'éleva à sa place autant d'étendarts qu'il y avait d'individus.

Livré à lui-même, le peuple fut réduit à explorer laborieusement les faibles moyens de son esprit, soit pour répondre aux besoins de l'âme, soit pour sanctionner ses désirs désordonnés.

A l'instar des philosophes, il proclama la raison son idole. De-là naquit une erreur presqu'universelle qui nous a conduits à l'indifférence des cultes, pour ne pas dire à l'athéisme ; erreur habillée des noms pompeux de théisme, de religion naturelle, etc. dont nous parlerons dans la suite, qu'on a eu le courage d'édifier en système et plus encore de réaliser dans la pratique.

Telles sont les principales causes des catastrophes si bien marquées dans les fastes de la nation française. Que l'on nous dispense d'un plus long développement à cet égard ; il nous suffit de constater l'état déplorable de la France à l'époque où le peuple commençant à s'éclairer, vit une bonne fois sa liberté et son pouvoir mis en scène devant ses yeux ; état d'ailleurs en harmonie avec un moral dépravé et sourd à toute espèce de vertu.

Le siècle de Louis XIV, il faut le dire, tout illustré

qu'il fut, a préparé cette grande révolution dans l'esprit humain. C'est lui qui traça un nouveau destin à la France, et légua à ses descendans le plus funeste avenir : En nous dotant de ses lumières, il ouvrit traîtreusement la boîte de Pandore, les maux en sortirent ; ils traversèrent deux règnes (1) célèbres par leurs malheurs.

Loin de nous la pensée funeste de condamner la propagation des lumières qui sont les véritables ressources de l'état, le mérite personnel, le triomphe sur l'ignorance ; mais il faut, disons nous, qu'elles soient conciliées avec les mœurs, appropriées au rang, à la position des individus; il faut, en un mot, qu'elles fassent l'objet de l'économie générale et qu'elles cessent d'être un moyen puissant de remuer les passions, d'entraver dans leurs travaux, l'artisan, le laboureur, le prolétaire, s'il est question surtout de lumières politiques, pour les appeler à l'oisiveté, la mère de tous les vices, déjà contagieuse par sa nature et qui apporte dans l'individu les premiers germes de la corruption.

Nous sommes souvent bien sérieusement occupés d'une pensée que nous croyons parfaitement vraie : les hommes en général ont plutôt besoin d'éducation que d'instruction (2) ; les peuples sentent moins la nécessité d'exercer leurs droits, que de jouir du bonheur qu'ils recueillent dans le sein de la paix et de l'ordre public.

La France aujourd'hui est inondée d'écrits de toute espèce qui, la plûpart, ne servent qu'à agiter les esprits, et à donner un aliment aux passions; et nous ne comptons peut-

---

1) De Louis XV et de Louis XVI.

2) Il ne faut pas confondre la signification de ces deux mots ; l'éducation ne peut signifier que la culture des mœurs ; l'instruction a pour but de développer les facultés spirituelles, et n'a de rapport qu'aux connaissances.

être pas un seul monument en faveur de l'éducation morale et religieuse, et vraiment capable de faire impression sur le cœur de l'homme. Il est réellement pitoyable de la voir se débattre au milieu de ce déluge de spéculations diverses dont elle est assaillie. Jamais siècle ne fut plus fécond en productions humaines que le nôtre. Jamais le peuple ne fut moins affranchi de ses maux, ni plus dupe de l'infâme charlatanisme des écrits publics, dont le titre politique ou littéraire n'est que le véritable masque, et l'instruction populaire un prétexte absurde, un moyen de retranchement. A en juger par cet état de choses, on croirait bonnement que la société est à son agonie, que ce mouvement dans l'esprit public est un état de crises convulsives repoussant la mort pour satisfaire aux besoins du moment. Rien en effet n'est posé pour les siècles futurs, l'éducation seulement peut favoriser l'avenir; la philosophie et les sciences font vivre l'homme au jour le jour, et tous nos beaux systèmes politiques sont peut-être plus funestes pour la postérité qu'on ne se l'imagine, considérant qu'ils ont plutôt pour but d'étendre la réputation d'un journaliste, d'un doctrinaire; de cultiver le terrain de l'égoïsme au moyen de la bonnefoi du peuple, que de travailler dans son véritable intérêt.

Nous voulons parler de ces doctrines neuves qui veulent pendre racines dans l'humanité avec leurs vices et leur impuissance, qui veulent concilier les hommes par les intérêts, par les besoins, sans songer aux relations du cœur, véritables liens des hommes, sans penser que l'homme aisé et le riche savent s'affranchir de tout système qui n'entraine point la volonté par la persuasion.

D'ailleurs à quoi bons ces efforts de l'esprit humain? Avons nous donc perdu tout moyen d'existence, la nature a-t-elle cessé d'être notre mère nourricière? N'avons nous point de bras pour la cultiver, avons nous perdu la lumière qui doit nous éclairer dans nos travaux, l'esprit évangélique que l'humanité possède depuis 19 siècles bientôt ?

Travaillons donc un peu moins à l'égarement des hommes, disons un peu plus en faveur de la vérité, disons le impérieusement sans ostentation, sans égoïsme, et nous aurons bientôt voté et élu le bonheur parmi les hommes.

Héritiers des erreurs de nos pères, nous avons donc encore enrichi notre siècle des utopies qui nous sont propres, et nous pouvons assurer que deux élémens fameux sont aujourd'hui moteurs des mœurs en France. Les systèmes philosophiques et les doctrines politiques-spéculatives. Nous allons les examiner plus en détail.

C'est dans le 18.e siècle que la philosophie est devenue essentiellement raisonneuse ; elle y a eu sa plus large extension ; son but fut d'étendre l'empire de la raison. On dirait qu'elle a pris plaisir à faire un saut énorme vers le passé, comme pour se marier aux doctrines d'Aristote et d'Epicure, qui ne furent que des ombres du divin Platonisme.

Comme nos ancêtres, les philosophes modernes n'ont fait que tourner dans un cercle d'abstractions et d'erreurs, comme eux, ils n'ont su percer les entraves qui enveloppent le cœur de l'homme. A la vérité, la philosophie du 18.e siècle n'était pas une école d'athéisme pur. Une certaine pudeur dûe à la clarté de l'époque, empêchait les hommes de se déclarer ouvertement athées ou adorateurs de la matière, si nous exceptons les Lalande (1), les Naigeon, les Mongez, les Dupont (2) etc., condamnables sans doute par

---

(1) Lalande, astronome distingué, a voulu être le doyen des athées.
(2) Dupont, Jacob, monté à la tribune de la convention nationale, le 14 décembre 1792, a dit : « Je suis athée et je l'avoue hautement. Dictionnaire néologique, vol. 1.er page 276.

leur impiété qu'ils affectaient de produire publiquement avec une audace tenant réellement d'un caractère dépravé. Au résumé, on commençait à éprouver de l'horreur pour l'atéisme affiché dans toute sa nudité ; le vide du néant et ses conséquences devinrent insupportables. On tenta de jeter le masque de la piété ; il fallut une morale en rapport avec l'esprit du siècle. On explora toutes les richesses de l'entendement, toute la puissance de la raison pour donner à chaque vice comme à chaque vertu un principe physique d'action, pour trouver en un mot dans la raison, la raison de nos passions.

Ce sont ces principes philosophiques, essentiellement absurdes en théories, qui, appliqués et réalisés dans la pratique, ont servi de base et de mobile aux morales humaines et donné le jour, le nom à la religion naturelle qui a crû particulièrement sous l'influence de deux fondateurs (1) distingués, tellement séduit les esprits, corrompu les mœurs populaires qu'il est presqu'impossible encore aujourd'hui de ramener de l'égarement.

L'empire qu'elle a exercé est trop important, pour qu'il nous soit permis de nous dispenser de lui opposer son antidote : Nous dirons quelques mots sur sa nature et ses conséquences qui ne sont rien moins que de la plus lourde absurdité.

Que l'on daigne prendre part avec nous à la considération des mots, et nous demanderons de bonnefoi quel sens on a attaché à cette phrase qui a fait tant de bruit dans le monde et qui, quoique vide de sens, a toute fois acquis une renommée presqu'universelle. Sous quel rapport cette religion philosophique doit elle être considérée comme na-

---

(1) Volney et Helvétius.

turelle à l'espèce humaine? Doit elle être naturelle à nos besoins physiques, à nos goûts, à nos rapports domestiques, à nos passions, etc.?

Naturelle au caractère moral, au sentiment, à l'âme?

Naturelle à l'entendement, à la raison?

Mais puisque les philosophes ne sont point d'accord sur cette question, tâchons de débrouiller leurs différends et leurs doutes. Ont-ils prétendu former une morale fondée sur les besoins de l'homme et garantir son bien-être temporaire? Vallait-il la peine, en vérité, d'édifier en système un principe si bannal; de bonnefoi fallait-il tant d'efforts d'esprit, pour appeler l'homme à l'état brutal et sauvage, pour lui prescrire d'obéir à ses besoins, à ses passions, à ses désirs sensuels qui, à coup sûr, sont aussi fondés en nature; en un mot, pour lui annoncer ce que la nature animale dicte en lui, pour l'appeler à faire ce que l'instinct effectue?

D'un autre côté, si les philosophes aiment mieux convenir avec nous, qu'une religion qui est en effet naturelle, doit être fondée sur la nature et les besoins de l'âme, accomplir l'ordre sur la terre, la paix parmi les hommes, la satisfaction dans l'individu, la félicité temporaire et éternelle; oh! alors, nous le demandons, quel culte est plus naturel que la doctrine chrétienne? N'a-t-elle pas véritablement ce caractère universel, absolu? Ne guide-t-elle pas l'homme dès son entrée en ce monde jusqu'au séjour de la félicité éternelle? N'est-elle pas la consolation du pauvre, le soutien du malheureux, la lumière du docte comme de l'ignorant, la crainte des méchans, l'espérance du juste? En un mot, elle conduit l'homme au milieu des vicissitudes humaines pour lui donner un jour la félicité, comme Minerve sous la figure de Mentor, bravant le courroux des mers, guidait Télémaque jusqu'aux portes d'Ithaque, où elle le rendit à son père.

Quelle religion humaine, demanderons nous encore, osera soutenir un parallèle à côté de ces maximes de la doctrine évangélique, et traverser les siècles avec le même degré de vie et de clarté, avec une pureté à l'abri des atteintes des systêmes et des efforts de l'esprit humain ? Mais n'oublions pas que dans toutes productions humaines, il y a à côté d'une parcelle de vérité, un mont d'erreurs, et ainsi subordonnées qu'elles sont à nos passions et à nos faiblesses, elles ne laissent pas d'être jetées sur le misérable esquif du doute au milieu de la mer de l'inconstance.

Mais sous le titre usurpé de la question qui nous occupe, nous croyons apercevoir le véritable sens et nous ne craignons pas d'affirmer que la religion naturelle doit devoir en définitive s'identifier avec les facultés spirituelles, et signifier un culte inhérent, naturel à la raison, conforme à l'entendement ; ce qui nous donne d'abord lieu de signaler une mauvaise application du mot naturel ; inconséquence que l'on a sans doute entrevue, mais dont on a préféré les résultats plus propres peut-être à captiver les esprits, à la véritable signification que la saine logique eut rendue par cette phrase : *Religion raisonnée, autrement dite philosophique.* Mais cette religion philosophique, universelle dont on voulait doter l'humanité, n'est elle pas encore à créer ? qui la fera ? Ce sont-ce les philosophes ? Mais les philosophes ont-ils jamais été d'accord, sont-ils jamais convenus sur la définition et le sens réel des propositions universelles, générales ou particulières, naturelles ou abstraites ? propositions majeures du sillogisme, indispensables à tout système, à toute philosophie, à tout raisonnement (1), et qui, pour être incontestables, paraître évidentes

---

(1) Nous croyons devoir donner quelque éclaircissement sur la nature du raisonnement, pour faciliter l'intelligence du public qui n'est pas tou-

aux raisonneurs, devraient avoir la valeur de l'axiôme. Est-ce un esprit fort, un génie ? Mais quel génie ôsera en-

jours appelé à consacrer du tems pénible à l'étude de la logique, et qui pense qu'au moyen de l'art sillogistique, il est possible de tout résoudre. Le raisonnement a moins pour objet de prouver une chose, que de l'éxposer d'une manière claire, évidente, et de développer la pensée selon des lois, et dans un ordre naturel. Pour raisonner comme pour bâtir il faut des matériaux, il faut un sujet sur lequel on monte l'édifice, l'échafaudage, si nous pouvons nous exprimer ainsi, du raisonnement ; ce qui manifeste nécessairement l'existence d'une cause indépendante du raisonnement, un principe indispensable à son exercice. Ce principe est toujours une proposition universelle, générale ou particulière que les logiciens nomment la majeure du raisonnement, et qui a une valeur admise, incontestable entant que le raisonnement s'exerce. Ici le raisonnement est incompétant. L'évidence de la proposition majeure doit se vérifier par l'expérience, par la réflexion, par l'intelligence, par le sentiment ; ensorte que s'il y a contestation sur ce point, il n'y a plus lieu de raisonner ou de prouver. Que dire en effet si l'on a pas expérience ou sentiment de quelquechose ? Le raisonnement ne prouverait pas à l'aveugle qu'il fait jour, à l'ignorant qu'il y a de la science dans le monde. Il faut donc avant de raissonner, voir, goûter, sentir ; il faut avoir dans la pensée ou dans le sentiment, la base et le sujet que l'on veut émettre, ou acquiéscer à la force d'une proposition donnée ; ce qui est précisément le point de dissention en raissonnement, le champ de bataille des partis qui ont chacun leur manière de voir, de discerner, de sentir ; le vague où l'on s'égare et qu'on cherche vainement à prouver la plupart du tems. Delà tant de disputes vaines en politique et dans les sciences, disputes qui ont trop souvent animé et divisé les hommes.

La base du raisonnement admise et posée, il ne s'agit que de l'appliquer à une autre proposition et de conclure ; de faire ressortir le particulier du général, l'effet de la cause ; autrement, déduire ; ou bien d'induire en fesant rentrer l'effet dans la cause, l'individu à l'espèce ; d'où il suit que l'art du sillogisme ne fait qu'exprimer par la conclusion l'évidence de cette convenance, comme le verbe dans la proposition, est l'affirmation d'un jugement, d'une pensée résultant d'une perception de rapports entre deux images ou deux objets comparés.

Il suit de là que raisonner c'est conclure non que quelquechose est, mais qu'une chose convient, se rapporte à une autre ; ou en d'autres termes : la conclusion prouve que telle chose que l'expérience nous a donnée convient à telle autre qui en dépend ou s'y rattache. Or, pour avoir une conclusion qui satisfasse tous les esprits, en toute discussion il fanter de sa tête un rempart invincible contre les attaques de la critique, contre la force des systêmes et se flatter de posséder à lui seul la pure vérité, la science universelle, convenable à tous les climats, à tous les siècles, à toutes les nations, à tous les âges ? Qui serait assez absurde en adhérant à une morale humaine, fruit du génie, de faire abnégation de sa philosophie et de sa raison ; de se déclarer bonnement aveugle devant la lumière du génie et de con-

faut justement que chacun ait même expérience d'une donnée, d'une mesure, et dans ce cas le raisonnement devient inutile ; car on ne démontre pas l'évidence, on ne se prouve pas ce que l'on connaît. Le raisonnement ne s'emploie donc à proprement parler que dans les disputations, les débats ou pour soutenir un sophisme. Aussi l'art du sophiste consite-t-il à poser en principe la question qu'il cherche à prouver, à renfermer en quelque sorte dans la majeure la conclusion ; ainsi par exemple, s'agit-il de résoudre cette question : La vertu fait-elle le bonheur de l'homme ? Le sophiste qui ne s'attache pas à exposer le véritable sens du mot vertu, dira que l'homme vertueux s'inflige des tourmens, des privations, des tortures; que tout ce qui entrave nos plaisirs et nous procure quelque souffrance est une véritable cause de malheur donc, l'homme vertueux est réellement un sujet malheureux.

D'un autre côté, l'homme de bien repondra : au contraire la vertu préserve l'homme des passions, des désirs désordonnés ; elle lui apprend à supporter avec courage les calamités du monde, elle lui procure la confiance publique, la considération de ses semblables ; elle est un véritable mérite personnel qui ennoblit l'homme, elle satisfait à ses besoins, et lui procure la félicité éternelle qui est le véritable bonheur. Donc si la vertu a pour but de garantir l'homme des maux qui l'entourent elle fait en effet sa félicité. Remarquons ici la justesse de ces raisonnemens, très-logiques, disons nous, et qui cependant nous donnent chacun une conclusion différente et en opposition l'une avec l'autre, et que l'on tenterait vainement à combattre, tant que l'on s'obstinerait à soutenir sa manière de voir ou ses passions, dont on forme la majeure en raisonnement.

En dernier résultat, le raisonnement ne sert qu'à exprimer, soit successivement par un enchaînement de faits et de circonstances, soit par une méthode moins analytique, par une simple comparaison ou par un rapprochement de termes, les opérations de la pensée embarrassée d'entraves dans tous les instans de son exercice et ayant besoin de se mouler dans les formes humaines pour s'exercer au-dehors.

sentir en un mot à ne regarder qu'avec les yeux d'autrui ? Que dirions nous d'un homme vulgaire qui, se déclarant sectateur de la religion naturelle, sous prétexte qu'elle repond à son jugement, ferait en même tems aveu que la philosophie est pour lui du grec ?

Nous pouvons assurer que la religion philosophique cesserait d'être telle, qu'elle perdrait son caractère d'universalité, alors qu'elle commencerait à paraître obscure devant le jugement populaire, à devenir pour le public, qui ne raisonne pas comme le philosophe, un objet de foi. Puis n'étant conçue par les masses, ce qui devrait être d'ailleurs son caractère et son but, qui nous garantirait ce monument fondé sur des opinions humaines ? (1)

Une doctrine humaine revêtue de ce caractère universel qui ferait taire toutes les philosophies, tous les raisonnemens du monde, serait précisément une œuvre divine, surhumaine, une révélation qui a été réellement faite à l'humanité, il y a 19 siècles, une philosophie qu'on ne saurait

---

(1) Voyez comment Rœderer, Conseiller d'état, s'explique sur la morale philosophique, après avoir passé en revue les stoïciens, les épicuriens, Diogène le cinique, Aristippe, les platoniciens. « En un mot, osons le dire, dit-il, depuis Pythagore jusqu'à J.-J. Rousseau et Helvétius, tels sont la plûpart de nos ouvrages anciens et modernes sur nos sciences morales, qu'après un long et pénible travail, où vous vous étiez flatté d'avancer en les suivant pas à pas, il se trouve au but de la carrière que vous n'avez fait que tourner.

Mémoires d'Economie, de Morale et de Politique. Vol. I. N.° 7. p. 329.

Voyez encore Buffon, hist. nat. Quadrupèdes, vol. II. page 199. in-4.° sur l'article de la Relig. des Brachmanes. « Quoique très-ancienne, dit-il, cette religion ne s'est guère étendue au-delà de leurs écoles, et jamais au-delà de leur climat.... Cette religion est un exemple frappant du sort des opinions humaines................Il n'a jamais appartenu qu'à Dieu de nous donner la véritable religion, qui, ne dépendant pas de nos opinions, est inaltérable, constante et toujours la même.

puiser ailleurs que dans le sein du christianisme, la philosophie par excellence.

La difficulté consisterait donc non seulement à trouver une doctrine philosophique généralement admise, universellement bonne, mais encore à la faire comprendre et pratiquer par la généralité des hommes ; ce qui n'est pas moins impossible ; à moins qu'on ait la prétention de la fonder sur la base du sens commun ou du bon sens, et dans ce cas, il nous sera permis de demander ce que c'est que le bon sens, et s'il existe réellement un sens commun universel, qui ne dise pas plus au philosophe qu'au porteur d'eau ? Dans le cas d'une réponse affirmative nous dirons que la philosophie est bien sote en vérité, de vouloir gouverner les hommes puisque le sens-commun va toujours son train.

Ainsi la religion naturelle est donc ce que l'esprit humain a produit de plus absurde ; c'est une chimère, un fantôme dans l'imagination des philosophes ; une ombre grossière chez le vulgaire qui l'adore à-peu-près comme le poète honore sa muse. Trop heureux le vulgaire si cette ombre mensongère avait su déposer dans son cœur quelque douce impression, si elle n'avait jamais fait vibrer les cordes de la passion et les ressorts du désordre !

Quant aux conséquences de cette doctrine, nous pouvons assurer qu'elles sont des plus déplorables ; elles ont pour objet de désunir les hommes et les sociétés, en établissant sur terre autant de religions qu'il y a d'individus qui raisonnent, autant de principes d'action, de causes morales qu'il y a dans le monde de têtes qui pensent. Elles conduisent l'homme à l'athéisme par la route frayée de l'indifférence, c'est-à-dire la religion de celui qui n'en a pas, comme s'exprime un historien (1), et qui s'imagine adorer un être suprême, aimer la vertu et ses semblables, avec l'œil de l'imagination, sans la participation du cœur.

Tel est en général le caractère de la philosophie du 18me siècle. Sans doute que nous sommes bien loin d'avoir dit toute la vérité à cet égard ; mais nous pensons qu'il a été plus convenable d'user d'indulgence que d'avoir fait un long développement si peu en sa faveur.

Il nous resterait maintenant à entrer dans quelques considérations sur la philosophie moderne, par rapport à l'influence qu'elle exerce sur le caractère moral en France, si elle n'était glorieusement combattue par un homme (2) dont le rare talent et l'amour de la vérité, sont au-dessus de nos éloges.

Quant aux doctrines politiques, elles sont une propriété essentielle, un produit de notre siècle ; ce sont elles surtout qui entreprennent de former le caractère national de notre époque. Aujourd'hui chaque journaliste est un moraliste qui a non-seulement sa couleur politique, sa manière de voir, mais encore la folle ambition de faire aller les hommes et le gouvernement à sa baguette. C'est moins le bien-être général, l'ordre public qu'il a en vue, que son propre intérêt. A la vérité le bien public entre toujours pour beaucoup dans ses considérations qu'il fait sagement émettre, mais pour peu de chose, croyez-nous, dans sa manière de voir dont le principal but est d'accaparer des souscripteurs en flattant les passions, et de se voir à la tête d'une masse d'individus propres à favoriser ses desseins.

Naguère c'était la philosophie qui formait les mœurs,

---

(1) Lile de Salles.

(2) L'abbé Bautain.

aujourd'hui la politique en fait complaisamment l'office. La morale philosophique semble être à son couchant et ne laisser qu'une faible ombre derrière elle, qui s'efface à mesure que l'astre nouveau s'élève et roule dans l'espace.

A quoi bons d'ailleurs, disent ces doctrinaires, tant de raisonnemens vains? La science qui fait aller le rouage de nos atteliers, et de nos fabriques, ne vaut-elle pas celle qui s'occupe des choses abstraites, et qui, en définitive, ne nous donne pas cet objet qui flatte si agréablement l'œil et l'oreille?

Une chose qui nous dénote assez clairement l'égoïsme des journalistes-doctrinaires et des politiques, c'est la division qui les sépare : Nul doute que, s'ils avaient en vue le bien-être social, ils se rencontreraient au moins en un point, et chercheraient à s'identifier de plus en plus. Il est absurde quand on tend vers un même but de prendre des routes opposées. La voie du bien est toujours la même; et si tous sont en effet sur le bon chemin, pourquoi cherchent-ils donc à se contredire et à entraver les actes du gouvernement?

Nous cherchons souvent à nous figurer la position du peuple inondé d'un déluge d'opinions et de faits divers, et nous ne parvenons pas à former une conclusion en faveur de son bien-être. Sa position, on le conçoit, est très-scabreuse; car vers qu'elle pente se laissera-t-il aller, lui dont on veut absolument orner l'esprit? Sera-t-il absolutiste, du juste-milieu, aristocrate, républicain, belliqueux ou pacifique; St.-Simonien ou Oveniste? etc. Ou devra-t-il être tout à la fois? Où trouvera-t-il en tout cela, la lumière de la sagesse qui éclaire l'homme sur ses défauts et ses devoirs plutôt que sur ses droits?

Rien n'est donc moins propre à former l'instruction populaire, à favoriser le véritable zèle patriotique que ces contradictions politiques. Rien n'est plus capable de fausser l'esprit du peuple et de gâter son caractère ; car on n'exige pas seulement un simple acquiescement de sa part, une croyance aveugle ; mais ce sont des efforts, des actions que l'on réclame : on veut plus, on exige aujourd'hui qu'il soit le sujet propre à réaliser les intentions perfides.

Tels sont donc les grands ressorts des mœurs en France à notre époque qui est un véritable règne de combats, de trouble, de spéculations. L'esprit du siècle sort du monde des abstractions et de la raison pour tomber dans celui de la matière. Il n'est point d'effort, point d'action qui ne représente le vil appât de l'or ; il n'est point de dévouement, point de patriotisme qui ne décèle l'empire de l'égoïsme.

La France aujourd'hui est un sujet fécond de méditations pour l'avenir ; une terre amère que l'on ne cultive avec tant de labeur que pour y faire prospérer les ronces et les chardons. La rectitude des mœurs, et le retour à la religion, nous ne saurions assez le répéter, peuvent seulement garantir la France des maux qui la menacent, et ramener le peuple au véritable patriotisme qu'il ne peut apprécier autrement que par la pureté du cœur. C'est en fesant goûter ces vérités aux individus que l'on parviendra à détruire les préjugés, la force des opinions humaines, et à déposer en eux la semence du bien et la source de la félicité.

« Otez la religion à l'homme, dit Cicéron (1), et sa vie
« n'est plus que trouble, ses institutions ne sont plus que
« désordre ; faites disparaître la piété envers les dieux,
« aussitôt et la bonne foi, et la société du genre humain,

---

(1) De natura deorum. Liv. 1ᵉʳ, chap. 2 et 23.

« et cette vertu qui est universelle, cette vertu qui est la
« vertu par excellence, la justice, vont disparaître avec
« elle. »

Les premiers devoirs de l'homme doivent en effet s'accomplir envers le créateur de toutes choses ; ôtez cela à l'homme, il ne lui reste plus aucune règle, aucun sentiment de vertu, de générosité, de dévouement, de probité, de justice. En vain l'impie se flatterait d'être honnête homme, qu'il apprenne que pour être honnête, il faut un motif de l'être, qu'il faut posséder une mesure pour peser nos actions, une force divine qui imprime une direction à notre conduite, comme il faut une puissance physique pour donner du mouvement à un corps en repos. L'homme qui ne sent pas cette voix au fond du cœur, est une machine qui tourne au gré des passions, obéissant à l'empire de l'égoïsme; il est un être impotent dans la société. Qu'il sache surtout que la première condition de la probité consiste dans l'équité; et comment sera-t-il homme loyal, ami sincère, époux fidèle, citoyen désintéressé s'il persiste dans l'ingratitude à l'égard de dieu dont il a tout reçu ? Nous dirons plus : il peut être est impossible de trouver une action estimable, indépendante de tout intérêt particulier, sans ce sentiment de justice qui est le terme où aboutissent toutes les lois humaines et le point de départ des lois morales et divines.

Si l'homme est réellement redevable à la société qui le protège et qui forme son instruction et son éducation ; si cette bienveillance de la part de la société fonde le patriotisme, l'amour du citoyen, son obéissance aux lois et aux institutions du gouvernement, certes il a contracté des dettes plus grandes envers l'auteur de l'univers qui veille au maintien des sociétés comme au bien-être individuel.

Il se présente ici, à notre pensée une question de la plus haute importance qu'il est nécessaire de résoudre; savoir : si l'homme n'est réellement homme et bon citoyen qu'autant qu'il est être moral et religieux, une société saurait elle exister indépendamment de lois morales et religieuses qui la regissent, ou en d'autres termes: un gouvernement pourrait-il se former et se maintenir assis sur les bases de l'athéisme? D'abord, il nous sera facile de repondre à cette question par des faits constatés dans les annales du genre humain. L'histoire ne nous offre aucun exemple d'une république d'athées. Les nations les moins civilisées ont eu de tous tems un objet de vénération, un culte quelque absurde, quelque monstrueux même qu'il fut, basé sur l'existence d'un être suprême et sur l'immortalité de l'âme. Quant aux habitans des antres reculés de l'Afrique que l'on a souvent décrits sous des formes de cruauté, dépeints comme dénués de sentimens d'humanité et d'idées divines, nous pouvons assurer que si ces rapports ne sont pas trop exagérés, qu'ils n'attestent pas du moins que ces sauvages vivaient en société sous la protection des lois. Il ne faut pas donner le nom de société à une horde de barbares qui ne se rassemblent instinctivement ou par hazard, que pendant certaines époques, quand les besoins sans doute les appellent à se réunir et à concentrer leurs forces, et qui après cela vivent indépendans les uns des autres, errant comme les bêtes auxquelles ils font la chasse dans les forêts.

D'ailleurs partout où il s'offrit un amas d'individus, il y a eu un chef et des lois pour les gouverner et les soumettre. Ces lois quelles qu'elles fussent ont toujours eu la justice pour assiette, sans laquelle tout code civil est vide de sens.

Nous demanderons par quelle fatalité, les peuples et les

nations n'en ont jamais pu secouer le joug? Pourquoi sont-ils obligés de recourir à cette puissance inouïe pour terminer leurs différends, pour déterminer le côté du tort, l'auteur du délit ou de l'infraction? Qu'est-ce que la justice aux yeux de l'Athée demanderons-nous encore? Quel mal y a-t-il pour lui à l'enfreindre, et pourquoi ses passions, ses plaisirs ne font-ils point cette loi?

Où trouverons nous donc la définition de ce mot, la détermination de son sens véritable ailleurs qu'au fond de la conscience? A coup sûr, elle n'est point une création arbitraire ou conventionnelle, un être de raison, si les hommes ne savent ni la puiser à une autre source, ni l'expliquer autrement que par les mouvemens du cœur. A coup sûr, elle n'est point une œuvre inventée si elle renferme en virtualité l'idée d'une puissance divine.

Or, si cette loi fondamentale est indispensable au maintien d'un gouvernement, nous pourrons donc conclure sans doute qu'une société d'athées devient absurde par ce seul fait qui implique contradiction entre les élémens de la société, d'une part, et de l'autre, le caractère de l'athéisme qui rejette l'idée pure de justice.

Mais qu'est-ce que la justice humaine sans cette puissance divine qui nous arrive sur les ailes de la religion? Cette autorité n'est qu'une ébauche, si nous pouvons nous exprimer ainsi, de la justice divine innée dans l'homme. Une ombre plus ou moins fugitive, parce qu'elle n'est jamais à l'abri de notre ignorance et de nos passions; une empreinte légère sur le cœur humain; empreinte qui ne prend son éclat et son énergie que par la lumière de l'Évangile.

La justice humaine a-t-elle jamais puni un fils indigne, un homme inique, un père dénaturé, une femme infidèle, un serment violé, un secret lâchement divulgué? Ordonne-t-elle à l'enfant, l'obéissance et la gratitude dues à ses parens ; au riche, de vêtir l'indigent ; au pauvre, le respect et l'amour à celui dont il tient quelque bienfait ; à la fille, de sustenter les jours infortunés de sa mère affaissée par l'âge ? La nature même ne prête pas toujours une oreille attentive à ces devoirs sacrés ; le bon naturel s'efface pas les passions, les rapports du sang s'affaiblissent si l'éducation religieuse ne vient développer les premiers sentimens.

Il faut donc le dire, la justice humaine, toute puissante qu'elle est, n'est qu'une autorité imparfaite, incomplette, une loi de défense qui doit avoir pour complément, la loi divine qui ordonne en parlant vivement au cœur. Cette loi parle au cœur, parce que c'est la volonté qu'il faut solliciter pour rendre l'homme arbitre de lui-même, pour lui apprendre à agir de son propre mouvement, avec sentiment et conscience, pour le soustraire en un mot, au joug qui lui est imposé par ses semblables. Ce joug n'est autre chose que la rigueur des lois, des chaînes, des points d'attache pour tout individu qui ne sait pas trouver sa liberté dans l'accomplissement de ses devoirs et au fond de sa conscience. Elle parle au cœur, car l'éducation religieuse ayant pour objet de réhabiliter l'homme dans sa dignité et dans son bonheur, le munit d'un code absolu qui, lui défendant toute infraction aux institutions sociales, lui recommande de remplir le vide des lois civiles par la pratique de la charité et de la vertu ; pratique qui met l'homme au-dessus de toute contrainte, de toute autorité humaine.

Si donc la religion est considérée comme imposant des fers, c'est qu'en effet, elle enchaîne l'humanité entière au char du bonheur, c'est qu'elle retient l'homme marchant sur le penchant de sa perte et tendant vers l'animalité. Le sage dit dans son cœur : la vérité m'éclaire et je trouve au fond de ma conscience le gage de ma liberté et de mon bien-être. L'impie dit : elle m'oppresse la poitrine, brisons les chaînes dont elle nous couvre ! Et il est comme « cet animal terrible qui ne sent la liberté que lorsqu'il déchire et qu'il dévore. » (1)

La religion ne peut rendre l'homme esclave, car elle ne contraint pas, nous l'avons déjà dit, elle le persuade, l'éclaire par la foi et convient à l'homme, aux nations qui ont le sentiment de leur grandeur.

C'est donc à un peuple essentiellement éclairé comme l'est le peuple français qu'appartient le caractère moral et religieux ; caractère qui rapproche les conditions, confond les sentimens et met les volontés à l'unisson avec la voix de l'amour du bien et de la vertu. Alors plus d'aristocratie, plus de noblesse, mais aussi plus d'esclaves, tous les hommes sont égaux et devant la loi et par le mérite personnel ; parce qu'en effet la probité et la vertu rendent le pauvre aussi digne que le riche, le simple artisan, le laboureur aussi respectables que le fier négociant, le profond philosophe, le savant politique.

C'est au peuple français, disons nous, qu'il appartient de reconquérir ces véritables droits et de jeter les fondemens de son bien-être. C'est à lui qu'il reste à remporter le triomphe sur son amour propre. Maître de ses passions, il portera une main secourable au pays, à l'état, par un dévouement éclairé ; il sera un peuple guidé non par une obéissance aveugle, mais par une soumission tenant tout-à-fait d'un caractère généreux et d'un cœur brûlant d'amour pour l'ordre public.

(1) Montesquieu. Esprit des lois, liv. XXIV, chap. 2, in-4.º édition de 1757.

C'est en un mot à la pureté de notre caractère, à la rectitude des mœurs que nous devrons un jour notre bien-être, et la France son salut.

Heureux si nous parvenons à faire sentir et goûter ces vérités émises du fond de notre conscience et d'un cœur vraiment patriotique. Heureux si nous réussissons à réveiller l'attention de la France sur son état moral. Plus heureux encore si nos efforts concourent à lui donner le repos, le calme aux consciences, et à faire pencher les mœurs du siècle vers la foi chrétienne, unique source de tout bonheur, de toute liberté !

 F I N.

www.ingramcontent.com/pod-product-compliance
Lightning Source LLC
Chambersburg PA
CBHW060515050426
42451CB00009B/1004